ANNE VAN ST

Das kleine Übungsheft

Lebensfreude im Alltag

Aus dem Französischen von
Claudia Seele-Nyima

Illustrationen von Jean Augagneur

TRINITY

Anne van Stappen ist Ärztin und beschäftigt sich seit vielen Jahren mit menschlichen Beziehungen. Sie ist Trainerin für Gewaltfreie Kommunikation® und bietet seit 1995 Vorträge und Workshops zu Kommunikation und Konfliktmanagement an. Für die Reihe »Das kleine Übungsheft« hat sie Hefte zu den Themen *Selbstliebe* und *Grenzen setzen, Nein sagen,* verfasst.

Die Originalausgabe ist erstmals 2010
bei Éditions Jouvence erschienen.
Titel der französischen Originalausgabe:
Petit cahier d'exercices pour cultiver sa joie
de vivre au quotidien

Chemin du Guillon 20, Case 184, CH-1233 Bernex.
www.editions-jouvence.com
info@editions-jouvence.com

3. Auflage 2016

Umschlaggestaltung: Guter Punkt, München
Satz: Veronika Preisler, München
Druck und Bindung: Pustet, Regensburg
ISBN 978-3-95550-034-4

www.die-kleinen-uebungshefte.de

Können wir in einer Welt, die immer hektischer, komplexer und unsicherer wird, Lebensfreude entwickeln? Können wir, wenn alles andere grau in grau ist, unter einem Himmel, der nur zu oft von schlechten Nachrichten getrübt wird, vor Begeisterung strahlen und voll schöpferischer Tatkraft sein, während wir uns der Realitäten bewusst sind, die uns umgeben?

Ja! Und dieses Heft lädt Sie ein, es auszuprobieren. Gemeinsam werden wir erkunden, was wahre Freude ist, jene dauerhafte Freude, die nicht den verborgenen Keim ihres Gegenteils, also Depression – Aufgeben – Verzweiflung, in sich trägt. Diese subtile Freude entspringt der Fähigkeit, die Schönheiten des Lebens zu erkennen, zu genießen und zu bewahren – in uns selbst und in der Welt um uns herum. Sie ist in dem Mut verwurzelt, Träume zu haben und ganz und gar wir selbst zu sein; sie wird dadurch gestärkt, dass wir uns selbst und dem gegenwärtigen Moment gegenüber achtsam sind, und entfaltet sich in der Fähigkeit, zu staunen, zu geben und zu lieben, anzunehmen und uns lieben zu lassen, während wir das Leben in uns und um uns herum achten.

Unsere Freude kultivieren – das bedeutet vor allem zu verstehen, dass der Ursrpung der beständigsten Begeisterung im Sein liegt. Es bedeutet, die befreiende Kraft zu entdecken, die sich zeigt, wenn wir vom Kult des Besitzens zum Kultivieren unserer Bindungen übergehen: der **Bindung zu uns selbst und der Bindung zu anderen.**

Um unsere Freude im Alltag zu leben, gilt es, auf vermeintlich trostspendenden Konsum zu verzichten und unsere eigene **Grundausrichtung nach innen** – unsere **Innerlichkeit** – zu entwickeln.

Machen wir uns also daran, unseren inneren Garten zu bepflanzen. Und wenn wir ein hyperaktives Leben führen, lassen Sie uns unseren Rhythmus etwas verlangsamen, um vom Tun zum Sein zu wechseln und Quantität gegen Qualität einzutauschen …

In dieser Zeit, in der exzessiver Materialismus unsere gesamte Spezies bedroht und der Versuch gescheitert ist, dem Menschen durch eben diesen Materialismus seine Entfaltung zu ermöglichen, ist es ein wesentliches, gesellschaftliches Anliegen, Lebensfreude zu kultivieren. Und die Saat der Freude kann jeder vor allem in sich selbst zum Keimen bringen.

Das ist allerdings eine Kunst, eine Arbeit, die erst einmal getan werden will! Es geht darum, dass wir lernen, uns über das zu freuen, was wir sind, statt über das, was wir haben.

Also, los! Was wir lesen, ist schnell vergessen, was wir erleben, prägt sich ein – schnappen Sie sich also Spaten und Rechen und beginnen Sie, Ihr Stück Land von Unkraut zu befreien und zu hacken …

Lassen Sie uns zuerst gemeinsam die verschiedenen Formen definieren, die Lebensfreude im Alltag annehmen kann:

Malen Sie die Begriffe bunt an, die **Ihrer Vorstellung** von Lebensfreude nahekommen: Übersprudeln, Fröhlichkeit, Vitalität, Intensität, Dynamik, Enthusiasmus, ausgelassene Freude,

Fröhlichkeit, Jubel, Rausch, Wonne, Entspannung, Atmen, Vergnügen, Entzücken, Leichtigkeit, Glückseligkeit, Ekstase, Begeisterung, Zufriedenheit, heitere Gelassenheit, Schwung, Energie, Sinn, Lebenselan, Hingabe ... und verlängern Sie die Liste **nach Belieben!**

Lesen Sie alle Begriffe, die Sie farbig markiert haben, laut vor und spüren Sie die in ihnen enthaltene Energie in sich. Das heißt: Fühlen Sie sich übersprudelnd, fröhlich ...

Das Kriterium für ein erfolgreiches Leben liegt nicht in der Menge der Dinge, die man besitzt, sondern in dem Ausmaß an Freude, die man empfindet.

Diese Übung hat ein ganz einfaches Ziel: **Um beständig und stark zu sein, ist es wesentlich zu lernen, wie wir in uns einen positiven Gemütszustand entwickeln und aufrechterhalten, und zwar unabhängig von unserer Lebenssituation. Wir brauchen nicht zu warten, bis sich besondere Gründe ergeben, damit es dazu kommt.**

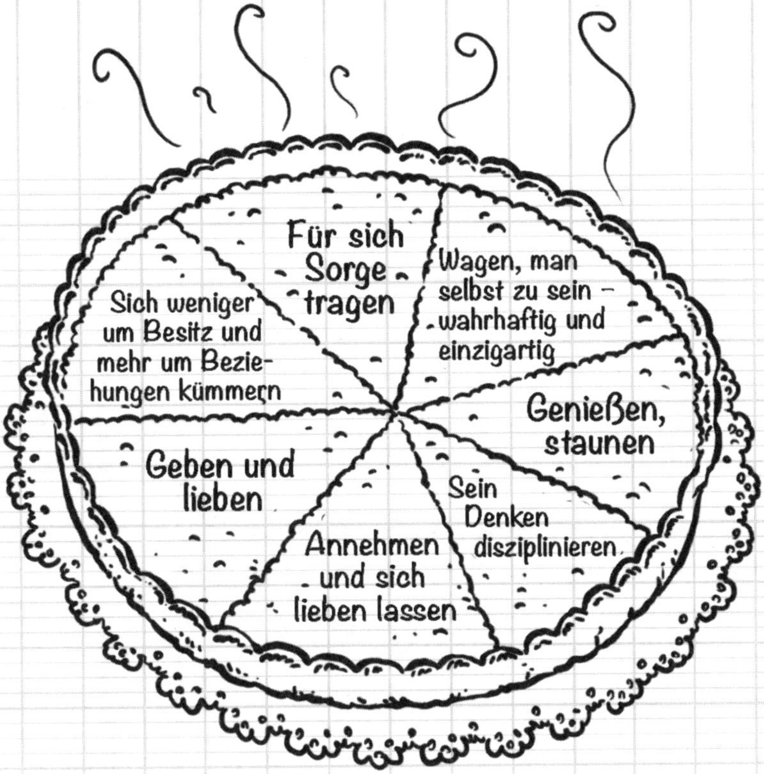

Für sich selbst Sorge tragen

Zählen Sie ungefähr zehn Aspekte Ihres derzeitigen Alltags auf, die Ihre Lebensfreude positiv beeinflussen, und weitere zehn, die sich belastend darauf auswirken (Situationen, Gedanken etc.).

Beginnen Sie damit, dass Sie sich über alle Aspekte freuen, die Ihre Lebensfreude anregen.

Genießen Sie sie langsam, einen nach dem anderen!

WAS VON MIR KOMMT

WAS VON AUßEN KOMMT

WAS VON INNEN UND AUßEN KOMMT

WAS MEINE LEBENSFREUDE POSITIV STIMULIERT

WAS MEINE LEBENSFREUDE DÄMPFT

Betrachten Sie anschließend, was Ihre Lebensfreude beeinträchtigt, und stellen Sie sich ehrlich folgende Fragen:

Habe ich Einfluss auf das, was von außen kommt und mein Leben belastet?

Zum Beispiel: Ich bin zu schmächtig für eine/n LKW-Fahrer/in.
=> Und wenn ich Body-Building machen würde?

Ein anderes Beispiel: Mein Chef beklagt sich über mich, ohne konkrete Gründe anzugeben.
=> Und wenn ich ihn darum bitte, mir drei Dinge zu nennen, die ich seiner Einschätzung nach an meinem Verhalten ändern soll?

Habe ich Einfluss auf das, was von innen kommt und mein Leben beeinträchtigt?

Zum Beispiel: Ich reagiere wegen jeder Kleinigkeit überempfindlich.
=> Und wenn ich mich informieren würde, wie man solche Gemütsverfassungen in den Griff bekommt?

Schreiben Sie für alle Dinge, die Ihre Lebensfreude beeinträchtigen und die Sie auf S. 8 aufgelistet haben, Ihre Handlungsmöglichkeiten auf.

Und um Ihren Unternehmungsgeist anzuregen, lassen Sie sich von Reinhold Niebuhr inspirieren ...

Gott gebe mir die Gelassenheit, Dinge hinzunehmen, die ich nicht ändern kann, den Mut, Dinge zu ändern, die ich ändern kann, und die Weisheit, das eine vom anderen zu unterscheiden.

Reinhold Niebuhr

Umreißen Sie anschließend Ihren **idealen Tag**, so wie er Ihnen Freude bringen würde: Stundenplan, Kreationen, Aktionen, Beziehungen, Zerstreuungen usw. Sehen Sie, ob die Freude hauptsächlich von dem abhängig ist, was Sie **sind, tun** und/oder **fühlen** oder von dem was Sie **konsumieren** oder **besitzen**:

Fragen Sie sich, ob Sie sich von heute an so verhalten könnten, dass dieser Tag **einen** Aspekt Ihres idealen Tages abdeckt. Zum Beispiel: Wenn Sie an Ihrem idealen Tag gerne mit freundlichen Menschen in Kontakt kommen möchten, können Sie beschließen, sich an einen öffentlichen Ort zu begeben und zwei oder drei Personen anzulächeln, die Sie nicht kennen. Die Chancen stehen gut, dass eine davon Ihr Lächeln erwidert.

Achtung! Es ist nie leicht, Gewohnheiten zu ändern, aber Ihr Leben ist es wert. Höchste Zeit, dass Sie die Fähigkeit entwickeln, gut zu leben. **Diese Kunst ist erlernbar – man muss sich nur dazu entschließen.** Haben Sie sich erst einmal dafür entschieden, Ihr Leben zu ändern, können Sie ganz leicht lernen, wie Sie das tun können.

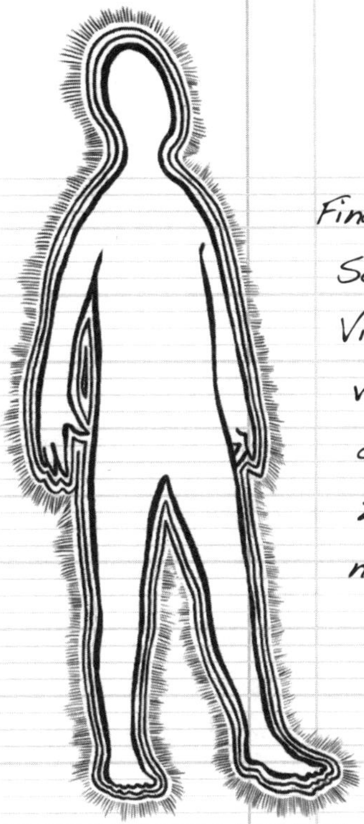

Finden wir heraus, was das bedeutet: Für uns selbst Sorge tragen. Was ist denn eigentlich dieses »SELBST«? Viele Traditionen gehen davon aus, dass der Mensch aus vier Körpern besteht: dem physischen, dem mentalen, dem emotionalen und dem spirituellen Körper. (Manchen zufolge sind es sogar sieben Körper, aber das soll hier nicht unser Thema sein.)

Um gesund und fit zu sein, braucht unser physischer Körper Pausen, Pflege und Freude.

Nehmen Sie sich eigentlich Zeit, um ...

DER PHYSISCHE KÖRPER

ZWINGEN SIE IHN, ZU FUNKTIONIEREN«?

Oder meinen Sie vielleicht, er **müsse** funktionieren und Sie könnten all das später noch tun?

Legen Sie in Ihrem Alltag gelegentlich eine Pause ein? Um nachzudenken? Um nicht mehr nachzudenken? Um sich zu regenerieren, wenn Sie spüren, dass Ihre Lebensenergie abnimmt?

Oder hören Sie erst dann auf, wenn Sie wirklich nicht mehr können? Oder erst dann, wenn der Arbeitstag zu Ende ist?

Wenn Ihre Leistungsfähigkeit sinkt, trinken Sie dann normalerweise eine Tasse Kaffee oder nehmen ein Aufputschmittel, um wieder in Schwung zu kommen? Greifen Sie abends auf Alkohol oder ein Beruhigungsmittel zurück, um sich zu entspannen? Gönnen Sie sich Ihrer Einschätzung nach täglich genügend Augenblicke der Erholung?

Sind Sie den größten Teil des Tages angespannt auf ein Ziel ausgerichtet?

Gehen Sie mit sich selbst so um, wie man es heutzutage mit dem Erdboden tut, indem man ihn durch Intensivkulturen auslaugt, mit Düngemitteln und Pestiziden vergiftet und durch Monokulturen schwächt?

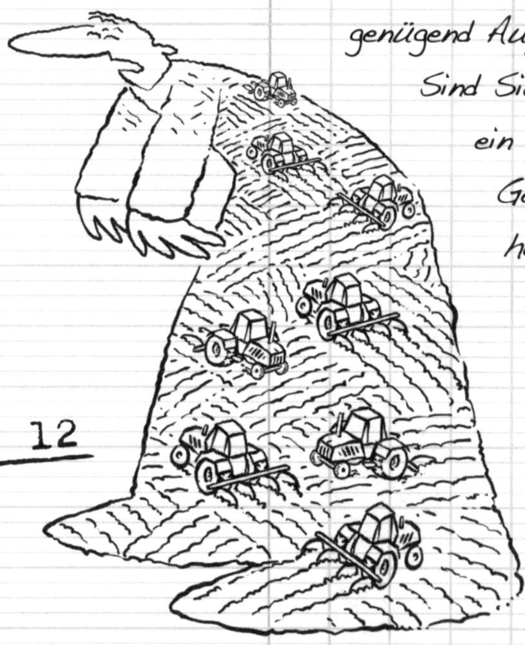

Wie viele von den 1440 Minuten eines Tages sind Sie sich selbst gegenüber achtsam?

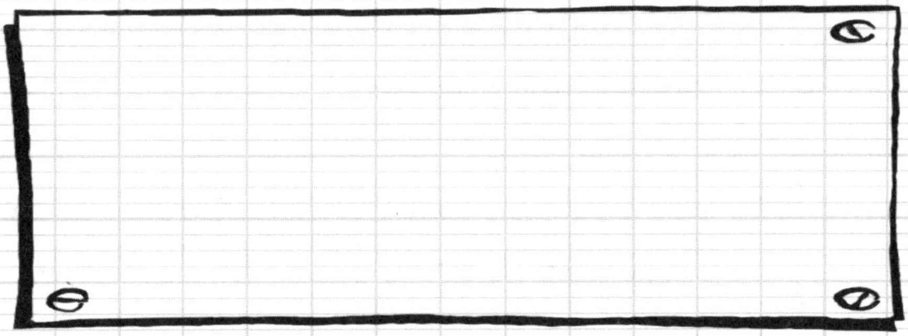

Bleiben Sie weiterhin aufmerksam gegenüber diesen Fragen. Was denken Sie über Ihre Antworten? Sind sie zufriedenstellend, beunruhigend?

Achtung! Es gibt bei dieser Übung keine **richtigen Antworten** – und dasselbe gilt auch für die anderen Fragen dieses kleinen Übungshefts, denn **ein wichtiger Aspekt zum Erlangen von Lebensfreude ist die Fähigkeit, auf sich selbst zu vertrauen und sein inneres Radar zu entwickeln.**

Die Antworten auf unsere Fragen verschaffen wir uns zwar einen vorläufigen Frieden; doch wenn wir lernen, bei unseren Fragen zu bleiben und in ihnen unsere eigene Resonanz zu entdecken, dann verleiht uns dies dauerhafte Gelassenheit und Stabilität ...

Beobachten Sie, wie Sie sich fühlen – als einzige Anhaltspunkte stehen Ihnen dabei Ihre Antworten auf obige Fragen zur Verfügung.

Hier einige Sätze zum Meditieren und Ausmalen:

Deine Zellen »wissen«. Nimmst du dir die Zeit, ihnen zuzuhören und das zu befolgen, was sie dir sagen?

Marie-Pier Charron

Um Freude am Leben zu haben, müssen wir von Anspannung zu Aufmerksamkeit übergehen.

Im Leben ist alles in Bewegung. Durch Bewegung kann die Energie zirkulieren. Wird die Energie blockiert, kommt es zu Krankheit.

Man gräbt sein Grab mit Messer und Gabel.

Gurumayi Chidvilasananda

Manchmal komme ich am schnellsten voran, wenn ich innehalte.

Ein zu hohes Tempo belastet uns psychisch und macht uns krank ... Indem wir unser Leben entschleunigen, können wir intensivere Bindungen knüpfen – auch mit den Langsamsten unter uns, an beiden Enden des Lebensalters.

Pascale d'Erm

DER MENTALKÖRPER

Der Mentalkörper wird von unseren Gedanken gebildet. Das Mentale ist so beschaffen, dass er denkt. Das ist an sich kein Problem. Je nachdem, ob und inwieweit wir unsere Gedanken für die Wirklichkeit halten und uns daran klammern, können jedoch Probleme auftreten.

Wie wir mit unseren Gedanken und Überzeugungen umgehen, bestimmt also unser Leben (eine Überzeugung ist ein Gedanke, an dem man schon sehr lange festhält). Unsere Gedanken und Überzeugungen erschaffen unsere Wirklichkeit, und diese Wirklichkeit verstärkt wiederum unsere Überzeugungen.

Denke ich zum Beispiel, »Ich bin eine Niete«, dann werde ich nie meinen Traumjob erhalten!

Bei Vorstellungsgesprächen präsentiere ich mich unsicher und gehemmt. Das bleibt natürlich nicht unbemerkt und verringert meine Chancen, den Posten, für den ich mich bewerbe, zu bekommen. Und wenn ich nicht ausgewählt werde, bestärkt das wiederum meine Einstellung, dass ich eine Niete bin – und schon haben wir einen Teufelskreis …

Übung

Spüren Sie **eine** Ihrer negativen Überzeugungen auf, die Sie in Bezug auf sich oder das Leben haben, und finden Sie heraus, was Sie tun, um zu beweisen, dass diese Überzeugung wahr ist. Die Übung ist komplex und kann länger dauern, eben weil unsere Überzeugungen nicht gern aufgedeckt werden.

Zum Beispiel: Ich bin schüchtern, kann mich nicht ausdrücken. Da ich das glaube, habe ich Angst, das Wort zu ergreifen, und ich drücke mich zu häufig davor. Ich verurteile mich deswegen und nehme es mir übel, dass ich zu zurückhaltend bin. Das, was mich lähmt, verstärkt meine Schüchternheit und meine Unbeholfenheit und beweist so, dass meine Überzeugung richtig ist.

Satz zum Meditieren und Ausmalen:

Ich lasse meine Gedanken nicht los – ich begegne ihnen verständnisvoll. Dann lassen sie mich los.

Byron Katie

Der Emotionalkörper: Unsere Gefühle sind die Farbe, die das Leben von Augenblick zu Augenblick in uns annimmt. Ob angenehm oder unangenehm, es ist wichtig, sich diese Gefühle bewusst zu machen und sie anzunehmen, denn:

- Wenn ein Gefühl angenehm ist und wir zulassen, dass wir es voll und ganz spüren, dann erhöht dies unsere Lebensenergie und unsere Lebensfreude.

- Wenn ein Gefühl unangenehm ist und wir akzeptieren, dass wir dieses Gefühl empfinden, uns jedoch nicht mit ihm identifizieren, gelangen wir dadurch bis zu seinem tiefsten Grund. Dort finden wir den erforderlichen Halt, um wieder nach oben zu gelangen.

- Weigert man sich, zu fühlen, was in einem vorgeht, dann weigert man sich, das Leben zirkulieren zu lassen.

- Lässt man zu, dass man seine Gefühle bewusst wahrnimmt, dann lässt man das Leben in sich zirkulieren, und das stärkt die Fähigkeit, zu fühlen, also lebendig zu sein.

Unsere Gefühle sind weder gut noch schlecht. Unsere Probleme entstehen nicht aus unseren Gefühlen, sondern aus den Gedanken, die wir mit bestimmten Erlebnissen verknüpfen.

Wenn ich zum Beispiel keine Arbeit finde, obwohl es für mich von existenzieller Bedeutung ist, kann ich besorgt sein. Zu einem Problem wird es jedoch dann, wenn ich mir sage:

Ich schaffe ohnehin nie etwas; ich bin zu nichts nütze … Solche Gedanken erzeugen in mir weitere unangenehme Emotionen, die mir Energie und Lebensfreude rauben. Dadurch wird verhindert, dass ich wieder auf die Füße kommen und die Schwierigkeit überwinden kann.

Eine schwierige Übung …

…, die deswegen freiwillig ist! Hören Sie auf Ihr »inneres« Radar, um zu spüren, ob es richtig für Sie ist, diese Übung zu machen.

Wenn Sie das nächste Mal mit einem Problem konfrontiert werden und ein Gefühl und/oder eine Empfindung als unangenehm wahrnehmen, dann kämpfen Sie nicht dagegen an. Spüren Sie, was auch immer Sie empfinden, im Herzen und im Körper, ohne an irgendetwas zu denken. Akzeptieren Sie diese Gefühle/Empfindungen einfach als das, was sie sind: das in Ihnen pulsierende Leben.

Wenn Sie zum Beispiel zornig sind, dann spüren Sie diesen Zorn bewusst. Vielleicht merken Sie, wie Ihr Kiefer sich verkrampft, Ihr Atem ins Stocken gerät, Ihr Herzschlag sich beschleunigt? Akzeptieren Sie das, was ist.

Versuchen Sie anschließend, die Gedanken, die Ihnen in Zusammenhang mit der Situation in den Sinn kommen, zu erkennen.

Wenn es Ihnen gelingt, sich Ihre Gedanken bewusst zu machen, haben Sie schon eine entscheidende Hürde überwunden, denn Sie können nun beschließen, sich von ihnen zu distanzieren. Andernfalls setzen diese Gedanken neue Lebenserfahrungen in Gang, die sie bestätigen.

In dieser Übung, die oft wiederholt werden muss, damit sie Früchte trägt, kommt es im Wesentlichen darauf an, die Identifikation mit dem negativen Gefühl aufzulösen. Damit das gelingt, sollten Sie besser feststellen: »In mir ist Zorn«, anstatt sich zu sagen: »Ich bin jähzornig, ich bin aufbrausend«. So sehen Sie den Zorn als etwas, das zwar **in Ihnen** ist, das Sie aber nicht **sind**. So können Sie eine Position als Beobachter Ihrer Erfahrung behalten.

DER SPIRITUELLE KÖRPER

Der spirituelle Körper ist eine Präsenz, eine Ausstrahlungskraft, die hinter unseren Gefühlen und Gedanken existiert. Er kann wirklich strahlen, wenn unser Mentales – unser Denken – zur Ruhe kommt und unsere Gefühle angenommen und/oder transformiert sind.

Jedem von uns wohnt ein stiller Beobachter inne, der Zeuge dessen sein kann, was in uns vorgeht. Dank dieses Beobachters können wir unsere Gefühle erkennen und sie kanalisieren und wir können die unbewussten Überzeugungen ans Licht bringen, die uns beherrschen. Wenn wir vom Modus des Tuns zum Modus des Seins übergehen und uns die Zeit lassen, uns selbst und den Augenblick achtsam wahrzunehmen, dann lässt dies unserem spirituellen Körper den erforderlichen Raum, den er braucht, um sich auszudehnen.

> Was uns froh macht, ist das Erwachen zu unserer wahren Natur.
> Eckhart Tolle

Der Keim unseres Glücks liegt also in unserer Fähigkeit, uns selbst bewusst und achtsam wahrzunehmen. Diese achtsame Präsenz bewirkt, dass wir bewusster leben, und vom Grad unserer Bewusstheit hängt unsere Freude ab.

Satz zum Ausmalen

Uns selbst bewusst wahrnehmen – »Achtsamkeit« – ist die Fähigkeit, die Aufmerksamkeit nach innen zu richten, im gegenwärtigen Moment zu verweilen, neugierig, wohlwollend, ohne zu bewerten oder irgendetwas zu erwarten. Dafür genügt es, zu beobachten, was in diesem Moment in uns vor sich geht.

Christophe André

Der Atem ist eine Brücke zwischen Körper und Seele.

Gurumayi Chidvilasananda

Haben Sie eine Vorstellung davon, wie viele Augenblicke Sie im Laufe eines Tages im Autopilot-Modus zubringen, ohne dass es Ihnen wirklich bewusst ist?

Setzen Sie sich nun bequem hin, den Rücken aufrecht, aber locker, die Füße flach auf dem Boden, falls Sie auf einem Stuhl sitzen. Nehmen Sie Ihren Atem bewusst wahr. Lassen Sie ihn ganz natürlich fließen. Spüren Sie, wie der Atem in Ihre Lunge ein- und wieder ausströmt. Nehmen Sie wahr, was in Ihnen vorgeht: Wohlbefinden, Unruhe, Ungeduld, Schläfrigkeit etc. Akzeptieren Sie einfach, was ist. Nehmen Sie bei jedem Atemzug das Ein- und Ausatmen bewusst wahr. Machen Sie zwischen Ein- und Ausatmen bei jeder Wiederholung nach und nach eine kleine Pause.

Falls möglich, lassen Sie in sich eine Gedankenleere, einen Abstand zu Ihren Emotionen entstehen.

Es ist wichtig, dass Sie dies täglich üben, und seien es anfangs nur fünf Minuten. Nehmen Sie sich vor, in einigen Wochen eine halbe Stunde dieser täglichen Begegnung mit sich selbst zu erreichen. Falls bei dieser Übung Stress, innere Unruhe oder Langeweile in Ihnen aufkommt, seien Sie unbesorgt – das ist ganz normal! In sich gehen ist furchterregend, weil man nicht weiß, was man dort vorfindet, weil man Angst vor der Leere hat, weil das Ich nach und nach die Kontrolle verliert und einem einflüstert, dass all' das ohnehin zu nichts nütze ist ...

Halten Sie durch – man braucht Beharrlichkeit, um in sein Inneres hinabzusteigen und sich selbst so anzunehmen, wie man ist.

Wenn man den täglichen Moment der Begegnung mit sich selbst praktiziert, ist es sehr wichtig, es in dem Bewusstsein zu tun, dass er eine heilige Dimension hat. Das heißt, wir sollten mit der Einstellung üben, »es ist immer das erste Mal« oder »es ist immer das letzte Mal«.

Damit die Achtsamkeitsübung Früchte trägt, muss sie regelmäßig und konsequent durchgeführt werden. Nach einigen Wochen wird sie Ihnen helfen, sich besser zu fühlen, körperlich und geistig; insbesondere fördert sie Ihre gute Stimmung, Gelassenheit und Kreativität und stärkt Ihre Gesundheit insgesamt.

Und vor allem: Sagen Sie sich nicht, ich versuch's mal, sondern tun Sie es!

Hier eine kleine Anekdote, um Sie zu ermutigen: Stellen Sie sich vor, das Flugzeug, in dem Sie sitzen, ist gerade im Landeanflug auf Berlin und Sie hören, wie die Stewardess folgende Ankündigung macht: »Meine Damen und Herren, bitte schnallen Sie sich an, wir **versuchen mal** zu landen.«
Wie würden Sie sich fühlen? Sie hätten Zweifel am Erfolg der Landung, nicht wahr?

Also, versuchen Sie es nicht, sondern tun Sie es!

Wagen Sie es: Seien Sie voll und ganz Sie selbst und haben Sie Träume!

Lebe nach deinem persönlichen, einzigartigen Plan. Nimm all' deinen Mut zusammen, dein ganzes Vertrauen, und vollende ohne Umschweife das, wonach du strebst. Die Welt braucht deine Freude, und du wirst sie nur dann finden, wenn du das realisierst, was du wirklich bist.

ES WAGEN, VOLL UND GANZ MAN SELBST ZU SEIN UND TRÄUME ZU HABEN

Stellen Sie sich folgende Fragen:

	EIN WENIG	OFT	IMMER	NIE
Bin ich mir selbst treu?	☐	☐	☐	☐
Meinen Werten?	☐	☐	☐	☐
Meinen Neigungen?	☐	☐	☐	☐
Führen mich meine Handlungen zu dem, was ich wirklich will?	☐	☐	☐	☐
Wage ich es, anders zu sein, als man es von mir erwartet?	☐	☐	☐	☐
Habe ich in meinem Leben Raum gelassen, um echt und authentisch zu sein?	☐	☐	☐	☐

„Das Privileg deines Lebens ist es, du selbst zu sein."
Joseph Campbell

Liegen Ihre Antworten in der Mitte zwischen nie und ein wenig? Dann schreiben Sie auf, wie ein Gespräch oder ein Moment verlaufen würde, in dem Sie die Erfahrung machen, dass Sie nicht Sie selbst sind. Schreiben Sie anschließend den Verlauf eines Gesprächs oder eines Moments auf, in dem Sie voll und ganz Sie selbst wären.

Wie würde es sich abspielen?

Spielen Sie die beiden Szenen vor einem Spiegel nach, beobachten Sie Ihre Gemütsverfassung bei beiden Versionen und ... amüsieren Sie sich! Letztendlich ist es nichts weiter als ein Spiegel – jedenfalls im Moment noch.

Sollten zwischen beiden Beschreibungen große Unterschiede bestehen, denken Sie einmal darüber nach, warum Sie sich so sehr von sich selbst abkoppeln ... Beschließen Sie gegebenenfalls, bestimmte Aspekte Ihres derzeitigen Lebens peu à peu zu ändern und den Mut aufzubringen, zunächst mit Ihren Angehörigen darüber zu sprechen. Setzen Sie diese Änderungen um, indem Sie sich selbst und die anderen dabei gleichermaßen respektieren.

Schreiben Sie hier auf, was Sie beobachtet haben. Schreiben Sie auf, welchen ersten möglichen kleinen Schritt Sie tun werden.

> Es ist wichtig, Träume zu haben, die groß genug sind, dass man sie nicht aus den Augen verliert, während man sie verfolgt!
>
> Oscar Wilde

ES WAGEN, TRÄUME ZU HABEN

Wenn wir von etwas träumen, sind wir von einem inneren Feuer beseelt und mit der Lebensenergie verbunden; das macht uns sehr anziehend.

Machen Sie sich mit Ihrem Übungsheft so bald wie möglich auf in die Natur – in einen Park, in den Wald, aufs Land ... Gehen Sie langsam und atmen Sie tief durch. Öffnen Sie die Augen weit, lauschen Sie den Geräuschen, riechen Sie die Düfte, berühren oder streicheln Sie das, wovon Sie sich angezogen fühlen, und kosten Sie den Moment voll aus.

Beobachten Sie aufmerksam, wie weit die Natur sich voll und ganz verwirklicht. Setzen Sie sich dann hin und hören Sie in sich hinein, auf das, was in Ihnen vorgeht.

Fragen Sie sich:

Wozu fühle ich mich im Leben hingezogen?
Worauf habe ich wirklich Lust?
Werde ich mir eines Tages das Recht zugestehen, es zu erreichen?
Zählen Sie einige konkrete Dinge auf, die Sie tun wollen, um das zu erreichen, wovon Sie sich angezogen fühlen. Selbst wenn diese Liste Ihnen unrealistisch erscheint: Nehmen Sie sich Zeit, sie zu schreiben.

Nehmen Sie sich vor, mindestens eine Handlung, die Sie aufgelistet haben, im Lauf der nächsten Woche tatsächlich auszuführen.

Beschreiben Sie diese Handlung hier. Notieren Sie das Datum und die Einzelheiten der Ausführung.

Es ist besser, unerreichte große Träume zu haben als kleine Ambitionen, die man nur zaghaft verwirklicht.

Genießen, dankbar sein, begeistert staunen

FREUDE = Fühle Reinen Enthusiasmus Und Dankbare Euphorie.

Malen Sie diesen Text farbig aus und lassen Sie sich von seiner Energie durchdringen.

Von den kleinen Freuden bis hin zu den großen Wünschen: Was uns mit tiefer Freude erfüllt, ist die Fähigkeit zu genießen, zu lieben und uns das Schöne und Gute im Leben in Erinnerung zu rufen.

Wählen Sie eine Frucht aus, die Sie gerne mögen.
Hier nehmen wir einen Apfel.

1. Atmen Sie ein paarmal tief ein und aus.

2. Nehmen Sie den Apfel und waschen Sie ihn unter einem dünnen Wasserstrahl. Hören Sie das Plätschern des Wassers. Sehen Sie, wie es am Apfel herabrinnt, spüren Sie,

wie frisch und weich es sich auf Ihrer Haut anfühlt ... Es ist so kostbar!

Setzen Sie sich hin, legen Sie den Apfel auf einen Teller und betrachten Sie ihn aufmerksam: Welche Farbe hat er? Welche Form?

3. Nehmen Sie ihn anschließend in die Hand. Ist er weich, rau, schwer, leicht? Nehmen Sie sich die Zeit, das, was Sie tun, vollkommen achtsam wahrzunehmen.

4. Atmen Sie den Duft des Apfels ein. Bleiben Sie im gegenwärtigen Moment, vergleichen Sie ihn nicht mit anderen Augenblicken, selbst wenn Sie von Erinnerungen überflutet werden.

5. Schneiden Sie den Apfel in Viertel und schälen Sie ihn, wenn Sie wollen. Richten Sie Ihre Aufmerksamkeit auf das Messer, das die Frucht schneidet und schält; hören Sie auf die Geräusche, die beim Schneiden des Apfels entstehen. Spüren Sie das feuchte Fruchtfleisch an Ihren Fingern. Schauen Sie sich genau seine Farbe an.

6. Beißen Sie langsam den ersten Bissen ab. Spüren Sie den Geschmack und die Beschaffenheit des Fruchtfleisches, kosten Sie den Saft, der sich in Ihrem Mund ausbreitet und sich mit Ihrem Speichel vermischt.

7. Der Apfel schmilzt in Ihrem Mund; schlucken Sie diesen ersten Bissen nach Belieben hinunter.

Betrachten Sie jetzt jedes Apfelviertel mit den Augen des Herzens. Denken Sie an alles, was nötig war, damit diese Frucht bei Ihnen angekommen ist und Sie sie verzehren können: an den Baum, an dem der Apfel gewachsen ist, den Boden, der es ermöglicht hat, dass ein Apfelbaum wachsen konnte, an die Menschen, die bei der Ernte geholfen haben, das Land, wo all das geschehen ist. Stellen Sie sich die gesamte Kette vor, deren einzelne Glieder dazu führten, dass der Apfel nun vor Ihnen liegt, damit Sie ihn essen können. Stellen Sie sich den Ort, wo Sie ihn gekauft haben, noch einmal bildlich vor. Stellen Sie dieselben Überlegungen über Ihren Teller an, Ihr Besteck, Ihren Stuhl ... und spüren Sie anschließend Ihre Dankbarkeit für die Fülle des Lebens, die Ihnen hier durch einen einfachen Apfel dargeboten wird. Nehmen Sie dazu jede Facette Ihrer Empfindungen und Gefühle bewusst an und durchleben Sie sie. Wenn Gedanken Sie von Ihrer Dankbarkeit wegführen, dann kehren Sie immer wieder zu den Eindrücken Ihrer fünf Sinne zurück.

Schätzen Sie, wie lange Sie insgesamt für diese Übung gebraucht haben. Betrachten Sie sie als verlorene Zeit? Oder haben Sie dieses langsame Kosten eines Apfels genossen?

Was haben Sie dadurch erfahren bzw. gelernt?

Wenn Sie in jeder Situation Ihre Dankbarkeit für das, was das Leben Ihnen schenkt, verstärken und/oder jemandem gegenüber zum Ausdruck bringen wollen, dann ist es für Sie und für die Person, an die Sie sich wenden, sehr wirkungsvoll, die drei Schritte der Gewaltfreien Kommunikation® zu durchlaufen:

1) Beobachten oder nennen Sie eine Handlung oder eine Geste, die Ihnen gutgetan hat.

2) Erkennen Sie die Bedürfnisse, die bei der fraglichen Handlung befriedigt wurden, und zählen Sie sie auf.

3) Spüren Sie Ihre Gefühle und äußern Sie sie – rufen Sie sich diese Gefühle nun noch einmal ins Gedächtnis.

Beispiel: Dass du mir zugehört hast, als ich wegen meiner Trennung traurig war, hat meine Bedürfnisse erfüllt, dass mir jemand zuhört und dass ich etwas zähle. Und wenn ich wieder daran denke, bin ich gerührt und voller Dankbarkeit für deine Freundschaft.

Denken Sie an drei kurze Augenblicke, die Sie heute erlebt haben, und erkennen Sie das Schöne daran.

Das könnte zum Beispiel der freundliche Blick eines Verkäufers sein, ein Stück blauer Himmel, eine gute Nachricht, Vogelzwitschern etc. Und denken Sie bloß nicht, es seien nicht genug solcher Momente gewesen!

Das Ziel hierbei ist, sich zu begeistern, nicht, sich zu beklagen.

> In allem ist Freude. Man muss sie nur zu wecken wissen.
>
> Konfuzius

> Unsere Freude hängt von unserer Fähigkeit ab, die Erfahrung freudiger Momente in uns zuzulassen. Je tiefer wir diese Momente spüren, desto geschickter wird unser Gehirn darin, sie ausfindig zu machen und lebendig zu halten. Das Wohlbefinden steigt, wenn man seine positiven Gemütszustände erkennt und aufrechterhält. Freude ist die Summe aus unserem Wohlbefinden und dem Akt, uns dieses Wohlbefinden bewusst zu machen.
>
> Christophe André

Alles, worauf ich meine Aufmerksamkeit richte, wird größer.

Versenken Sie sich zwei Minuten lang in einer angenehmen Erinnerung der letzten Zeit. Spüren Sie Ihre Gefühle, durchleben Sie sie noch einmal und genießen Sie sie, so wie all Ihre Gefühle. Setzen Sie Ihre fünf Sinne ein, um diesem Moment seine volle Reichweite zu geben. Was wird Ihnen mit dieser Übung klar?

Wie wäre es, wenn Sie ein Gute-Nachrichten-Tagebuch führten, in dem Sie von diesem Moment erzählen?

Disziplinieren Sie Ihr Denken

Doch was tun an Tagen, an denen alles nur zäh vorangeht und wir nicht die geringste Energie haben, derartige Veränderungen umzusetzen? Ist nämlich alles belastend oder schmerzlich, wird es umso schwieriger, Ihre Gewohnheiten umzuwandeln. Wenn Sie gerade in einer Notsituation sind, dann lesen Sie die folgenden fünf Sätze – noch bevor Sie sich mit den einzelnen Aspekten der persönlichen Disziplin beschäftigen. **Malen Sie die Sätze Ihrer Wahl farbig aus** und nehmen Sie sich selbst das Versprechen ab, die Lektüre des Punktes, »das Denken disziplinieren«, in Angriff zu nehmen, sobald Sie genügend Elan und Kraft haben, um ausdauernd Ihr inneres Land beackern zu können.

Fünf Sätze für schwierige Tage

(aus: Warum gehen, wenn du tanzen kannst[1])

Kurz vor Sonnenaufgang ist die Nacht am dunkelsten.

1 Anne van Stappen: *Warum gehen, wenn du tanzen kannst?* Goldmann, München 2011.

Jene Erdbeeren, die der größten Kälte ausgesetzt waren, haben einen kräftigeren Geschmack als die anderen.

Wenn Schmerz vollständig angenommen wird, wandelt er sich.

Das Wesentliche ist dein Blick. Und den Blick zu ändern kostet nichts. Wenn du deinen Blick änderst, ändert sich die Situation.

Versuche, das zu tun, was du magst, so, wie du es kannst, und genieße es. Manchmal genügt es, zu atmen und zu spüren, wie die Luft in deine Lunge strömt …

Überlegen Sie sich jetzt eine Aussage oder denken Sie an eine Überzeugung, die Wirklichkeit werden und Ihnen dabei helfen könnte, voller Freude zu sein. Lesen Sie den Satz täglich von Herzen und ganz offen, bis Sie allmählich glauben, dass er wahr werden könnte.

Zum Beispiel: **Ich bin es wert, geliebt zu werden!**

Diesen »Sicherheitsvorspann« haben Sie nun hinter sich gebracht. Wenn Ihr Leben angenehm und relativ problemlos ist, gilt es jetzt, die Fähigkeit zu entwickeln, Ihr Denken zu disziplinieren, damit sie zu einer Gewohnheit wird, die Sie in schwierigen Momenten unterstützen kann.

Hier einige Übungen, die Ihnen helfen, eine positive Einstellung zu wahren, gefestigt und sogar fröhlich zu sein, wenn Ihnen Gegenwind ins Gesicht bläst.

Wenn Sie zum Beobachter Ihrer Gedanken werden, können Sie besser Abstand zu den Schwierigkeiten des Alltags gewinnen. Es ist wichtig, dass Sie sich nicht von Ihren Gedanken »fernsteuern« lassen! Je nachdem, wie wir unser Denken im Griff haben bzw. damit umgehen, schaffen wir uns die Hölle oder das Paradies. Wenn uns ein Gedanke kommt, surfen wir meistens auf seiner Welle und stellen fest, dass wir von einem Strom Ideen mitgerissen werden – meistens sind sie negativ

> Neunzig Prozent des Denkens der meisten Menschen sind nutzlos und repetitiv.
> Eckhart Tolle

und unproduktiv. Es ist ein gewaltiger Fortschritt, wenn man es schafft, sich seiner geistigen automatischen Abläufe bewusst zu werden.

Übung

Stellen Sie sich einen Wecker, der in fünf Minuten klingelt.

Machen Sie es sich bequem und schließen Sie die Augen. Atmen Sie zwei- oder dreimal tief ein und aus und beobachten Sie Ihre Gedanken, ohne sie zu bewerten, zu analysieren oder ihnen nachzugehen. Beobachten Sie sie und lassen Sie sie einfach da sein. Betrachten Sie sie wie Wolken, die am Himmel vorüberziehen. Ziehen Sie nicht mit ihnen!

Wenn sich ein friedvoller Zustand einstellt, genießen Sie ihn. Wenn Ihr Denken aufgewühlt ist, akzeptieren Sie wohlwollend das, was ist.

Es kann sein, dass Ihnen durch diese Übung düstere Gedanken bewusst werden, die Ihren Geist belasten … Vielleicht kommt dann der Wunsch in Ihnen auf, diese Gedanken umzuwandeln – was uns zu folgendem Thema führt:

DÜSTERE GEDANKEN IN HANDLUNGSKRAFT UMWANDELN

Unser Denken liebt es, zu urteilen, zu analysieren, diagnostizieren, vergleichen, bewerten, etikettieren, kritisieren, grübeln, schimpfen, klagen usw. Wenn wir uns einmal bewusst machen, was der Preis dafür ist, dass wir so funktionieren, dann kann der Wunsch in uns aufkommen, uns davon zu lösen.

Gewaltfreie Kommunikation® (eine Art des Kommunizierens, die es uns ermöglicht, unsere Beziehungen anzugehen und dabei sowohl uns selbst treu zu bleiben als auch mit unserer Menschlichkeit im Einklang zu sein) kann uns dabei helfen, unsere trüben Gedanken in Handlungspotenzial zu verwandeln: Hat man nämlich erst einmal seine giftigen Gedanken und die damit einhergehenden negativen Stimmungen erkannt, sollte man versuchen, den Traum zu entdecken, den diese unbeholfen zum Ausdruck bringen wollen.

Dementsprechend wird **wo ich mich verurteile** zu **was ich gerne hätte**; und **was ich dir verübe** wird zu **was ich will**.

Zum Beispiel:

☞ Düsterer Gedanke: Puh, trotz meiner Diät bin ich diese Woche schwach geworden und habe ein Kilo zugenommen. Ich habe überhaupt keine Willenskraft!

Solche Gedanken beeinträchtigen unsere Energie und verleiten uns eher dazu, unseren Frust zu kompensieren, indem wir Süßigkeiten aus dem Kühlschrank stibitzen, als dass sie uns wieder Auftrieb geben.

Was ich anstrebe: <u>Ich hätte gerne Vertrauen in meinen Willen, beim Ansteuern meines Ziels nicht vom Weg abzuweichen.</u>

Dieser Gedanke verbindet uns mit etwas, was uns belebt und stärkt, in diesem Fall damit, dass wir auf unsere Willenskraft vertrauen, unser Ziel anzusteuern. Wenn wir unsere Aufmerksamkeit auf das richten, was wir anstreben, dann steigt unsere Energie und es ist leichter, Mut zu fassen, uns wieder zu fangen und herauszufinden, wie wir das, was wir anstreben, konkret umsetzen.

UNSERE »ICH MUSS ... (TUN)« UMWANDELN IN »ICH ENTSCHEIDE MICH«

Freude und Glück entspringen einer Haltung, bei der wir uns mit unseren tiefsten Gründen verbinden, die uns dazu motivieren, bestimmte Dinge zu vollbringen. Dadurch wiederum haben wir mehr Lust, ebendiese Dinge zu tun.

Ist man sich erst einmal seiner Gedanken bewusst, **kann man sich entscheiden, wie und woran man denkt.** Das gibt den Ausschlag, denn unsere Gedanken erzeugen unsere Stimmungen.

Da es mehr Spaß macht, Dinge aus eigenem Antrieb heraus zu tun, statt sie aus einem Zwang heraus erledigen zu müssen, ist unsere

Energie beschwingter, wenn wir uns nicht zwingen, das zu tun, was wir tun »müssen«, sondern uns stattdessen mit dem verbinden, wofür wir uns entschieden haben und wozu wir »Lust« haben ... Es geht gewissermaßen darum, jeweils das »Ich entscheide mich« zu entdecken, das sich hinter dem »Ich muss ...« verbirgt.

Übung

Schreiben Sie hier etwas auf, das Sie Ihrer Einschätzung nach tun müssen.

Geben Sie anschließend an, welche Bedürfnisse durch diese Handlung befriedigt wurden und welche nicht:

Befriedigte Bedürfnisse	Unbefriedigte Bedürfnisse

Wenn möglich, verbinden Sie sich, bevor Sie handeln, mit den Bedürfnissen, die durch die vor Ihnen liegende Aufgabe erfüllt werden. Sie werden eine positivere Einstellung gewinnen und das, was Sie vorhaben, mit mehr Leichtigkeit verwirklichen.

Zum Beispiel: Ich **muss** für meine Familie kochen.
Hier kann man bei den befriedigten Bedürfnissen an die Grundbedürfnisse denken, daran, dass wir uns um unsere Angehörigen kümmern, ihnen eine Freude machen wollen ... während die unerfüllten Bedürfnisse das Bedürfnis nach Ruhe, nach Entspannung, nach Leichtigkeit sind, danach, selbst umsorgt zu werden ...
Natürlich können wir immer wieder darüber brüten, dass wir keine Entspannung haben, und uns dadurch die Aufgabe zusätzlich erschweren. Oder aber wir können beschließen, uns das Leben angenehmer zu machen, indem wir uns wieder mit der Freude verbinden, zu geben und zu umsorgen.

=>Ich **entscheide mich**, für meine Angehörigen Sorge zu tragen und mich um ihren Lebensunterhalt zu kümmern.

UND ICH NEHME MIR AUCH VOR, meinem Bedürfnis nach Entspannung zu einem anderen Zeitpunkt nachzukommen!!!

Die Menschen streben nach Freude und Ausgeglichenheit. Jeder möchte dem Leiden aus dem Weg gehen. Nur wenige Menschen verstehen es jedoch, dass es besser ist, das Leid anzunehmen und zu spüren, um es zu verringern. Am Boden zu sein mag zwar schmerzlich sein, doch genau das macht es möglich, sich vom Boden abzustoßen, um sich wieder aufzurappeln.

Wenden Sie sich noch einmal der freiwilligen Übung auf S. 18 zu. Ist der Moment jetzt günstig für Sie, um diese Übung zu machen? Wenn Ihr inneres Radar Ihnen grünes Licht gibt, dann akzeptieren Sie beim nächsten Mal emotionalen Schmerz, der in Ihnen aufsteigt. Richten Sie die Aufmerksamkeit auf die Stelle Ihres Körpers, wo er sich befindet. Selbst emotionales

Leid ist körperlich spürbar. Hat es eine Form, eine Farbe, eine bestimmte Beschaffenheit, ein Gewicht? Nehmen Sie das Leid an, ohne dagegen anzukämpfen. Konzentrieren Sie sich und atmen Sie ruhig **in** den Bereich hinein, in welchem der Schmerz

liegt. Lassen Sie ihn los und lassen Sie zu, dass er sich auflöst. Erzwingen Sie es aber nicht!

Versuchen Sie nicht, irgendetwas, was auch immer es sei, erfolgreich zu »schaffen«. Es ist ein Prozess, der sich nach und nach in Ihnen vollzieht – mitunter sogar, ohne dass Sie es merken.

Wenn man Bambussamen in den Boden pflanzt, ist monatelang erst einmal nichts zu sehen. Und dann, ganz plötzlich, schießt der Bambus mit einem Mal aus dem Boden und wächst mehrere Meter in die Höhe. Beharrlichkeit vollbringt für uns ähnliche Wunder wie Sonne und Regen in der Natur.

DIE FÄHIGKEIT ENTWICKELN, »SCHUBLADEN ZU BILDEN«

Zu lernen, jeweils nur eine Erfahrung zu machen, und darauf zu vertrauen, dass aufgeschoben nicht gleich aufgehoben ist, erfordert eine gewisse Übung.

Wenn ich gehe, gehe ich; wenn ich esse, esse ich; wenn ich arbeite, arbeite ich; und wenn ich mit meiner Familie zusammen bin, dann bin ich es voll und ganz!

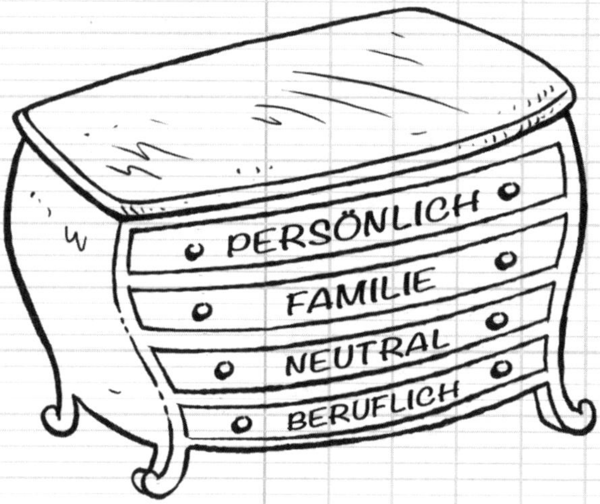

Ordnen Sie sich selbst ein:

- Gelingt es mir, mich von meinen beruflichen Sorgen zu befreien, wenn ich mit meinen Angehörigen zusammen bin?
- Kann ich mich auf die Arbeit konzentrieren, wenn ich anderweitige Sorgen habe?
- Welche Lebensbereiche kann ich voneinander abgrenzen, bei welchen schaffe ich es nicht?
- Bei welchen Bereichen ist es am wichtigsten, dass mir eine solche Abgrenzung gelingt?

Um die Fähigkeit zu entwickeln, einzelne Lebensbereiche voneinander zu trennen, ist es sinnvoll, dass wir uns zwischen zwei verschiedenen Aktivitäten ein neutrales Zeitintervall gönnen. So können wir uns zum Beispiel vornehmen, eine Zeit des Innehaltens, eine Pause – auch wenn sie nur kurz ist – einzuschieben, statt uns von einer Aktivität direkt in die nächste zu stürzen. Müssen Sie zum Beispiel eine Strecke zwischen zwei Orten zurücklegen, kann Ihnen dies dabei helfen, innerlich erst von der alten Umgebung »abzuschalten«, um dann ganz in die neue eintauchen zu können.

Oder Sie könnten sich überlegen, Ihrem Lebensgefährten/Ihrer Lebensgefährtin mitzuteilen, dass Sie einen Moment des Alleinseins brauchen, um anschließend ganz für ihn/sie da sein zu können.

Beschreiben Sie hier das neutrale Zeitintervall, dass Sie, falls erforderlich, zwischen zwei Lebensbereichen einrichten wollen.
Und falls sich etwas bei Ihnen ändern soll, sprechen Sie zuerst mit den Menschen darüber, die von dieser Änderung betroffen sind.

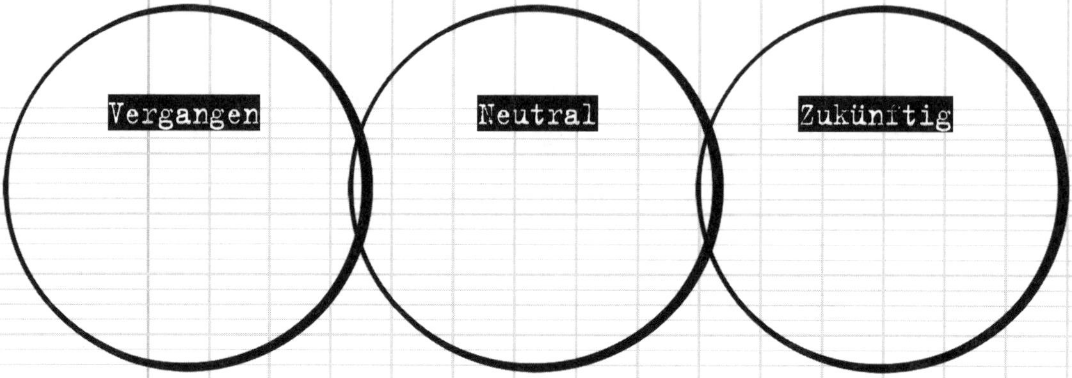

Zeichnen oder beschreiben Sie in Kreis 1 und 3 jene Aktivitäten, die Sie nur schlecht aneinanderfügen können, weil die Sorgen, die Probleme, der Stress usw. der vorhergehenden Welt dazu tendieren, Sie in die nächste zu begleiten. Setzen Sie in den mittleren Kreis ein Symbol ein, das für den Übergangsraum steht, den Sie schaffen wollen, damit Sie den kommenden Augenblick genießen und ganz in der Gegenwart sein können.

Zum Beispiel: Sie sind Sekretärin und je weiter der Tag voranschreitet, desto schneller wird das Arbeitstempo. Sie verlassen Ihren Arbeitsplatz angespannt, gestresst, erschöpft. Ihre folgende Aktivität besteht darin, so schnell wie möglich Ihre Kinder vom Hort abzuholen. Was können Sie tun, um sich darauf vorzubereiten, sie zu begrüßen und so entspannt und locker wie möglich zu sein? Würden Sie gerne zwei Minuten allein im Auto sitzen bleiben, um zu atmen und zu »pausieren«? Oder einen kleinen Moment warten, bis Sie wieder zu innerer Gelassenheit, zu Ihrem eigenen Rhythmus zurückgefunden haben, während Sie die Wolken am Himmel betrachten? Versuchen Sie nicht, etwas Kompliziertes zu tun, sondern

kommen Sie einfach nur innerlich wieder zur Ruhe und befreien Sie sich von Ihren Sorgen.
Finden Sie **IHRE** Antwort und experimentieren Sie damit, um zu sehen, ob sie Ihnen hilft.

Das Talent, das Ihnen am effektivsten Zugang zu Lebensfreude verschafft, besteht darin, zu lernen, sich auch dann gut zu fühlen, wenn alles schiefgeht. Fühlen Sie sich schlecht, dann sind Sie von Ihrem Handlungspotenzial abgeschnitten, es sei denn, Sie gehen den unbefriedigten Bedürfnissen nach, die Ihre unangenehmen Gefühle hervorrufen, und finden dann heraus, was Sie tun könnten, um diese unerfüllten Bedürfnisse zu befriedigen.
Ein schlechter Gemütszustand, der lediglich passiv ertragen wird, ändert dagegen nicht das Geringste an einer schwierigen Situation.

> Wenn Sie Ihr Leben entsprechend Ihren Wünschen ändern wollen, dann sollten Sie die Fähigkeit entwickeln, sich jetzt so zu fühlen, als hätten Sie bereits das Leben, das Sie sich für morgen erträumen. Denn das, was Sie morgen sein werden, hängt davon ab, wie Sie sich heute fühlen.
>
> David Komsi

Schwierige Übung, …

… die sehr oft wiederholt werden sollte:

Denken Sie an einen Aspekt Ihres Lebens (nicht zu kompliziert!), der Sie beschäftigt. Finden Sie heraus, welche misslichen Gefühle Sie in Bezug auf diesen Aspekt haben.

Fragen Sie sich, wie Sie sich fühlen würden, wenn dieses Problem gelöst wäre.

Üben Sie, dieses Gefühl vorwegzunehmen. Tauchen Sie bewusst darin ein!

Zum Beispiel: Sie haben Ihre Brille verloren. Sie sind ängstlich und/oder wütend. Wenn Sie sie wiederfänden, wären Sie sehr erleichtert, nicht wahr? Beschließen Sie also, ab sofort erleichtert zu sein, selbst während Sie Ihre Brille überall suchen!

Die Fähigkeit, unseren Gemütszustand selbst zu wählen, macht uns unabhängig vom Guten, wie vom Schlechten.

Wenn Ihre Lebensfreude unabhängig von guten Dingen ist, dann kann das Fehlen dieser Dinge Sie auch nicht unglücklich machen.

David Komsi

Beantworten Sie zur Entspannung die folgenden Fragen mit »Stimmt« oder »Stimmt nicht«:

1. In Freude zu leben regt die Immunkräfte an.
Stimmt Stimmt nicht

2. Negative und positive Gefühle sind ansteckend.
Stimmt Stimmt nicht

3. Zu viel Schmerz oder zu viel Freude auf einmal sind Stress für den Organismus. Stimmt Stimmt nicht

4. Lebensfreude kann man nicht ein für alle Mal erreichen; sie zu entwickeln und aufrechtzuerhalten ist eine Lebensaufgabe. Stimmt Stimmt nicht

5. Entweder man ist fröhlich oder mürrisch; so ist es nun mal. Es ist Veranlagung, daran lässt sich nichts ändern.
Stimmt Stimmt nicht

6. Gemäßigte positive Stimmungen sind gut für die physische und emotionale Gesundheit. Stimmt Stimmt nicht

7. Alkohol macht fröhlich. Stimmt Stimmt nicht

8. Alkohol macht depressiv. Stimmt Stimmt nicht

9. Lebensfreude ist eher davon abhängig, was man hat, und weniger davon, was man ist. Stimmt Stimmt nicht

10. Sport wirkt antidepressiv, weil er die Ausschüttung von Endorphinen angeregt. Stimmt Stimmt nicht

11. Seine Gefühle im Griff zu haben führt zu mehr Glück, als Besitz und Vergnügungen. Stimmt Stimmt nicht

Hier die Lösungen zu den Fragen:
1, 2, 3, 4, 6, 8, 10, 11 = »Stimmt«. 5, 7, 9 = »Stimmt nicht«.
Hinweis: Kurzfristig kann Alkohol die Stimmung heben, weil er enthemmt, langfristig macht er jedoch depressiv.

Annehmen und sich lieben lassen

Häufig ist es schwieriger, anzunehmen, als zu geben.

Um Ihr Auto vollzutanken, schrauben Sie den Tankdeckel ab. Und Sie? Schrauben Sie Ihren Deckel ab, um sich mit dem aufzutanken, was Ihnen gegeben wird? Oder fürchten Sie, es mit Gleichem vergelten zu müssen, es nicht zu verdienen? Haben Sie Angst, es sei ungehörig, wenn Sie wirklich glücklich sind oder dass Sie manipuliert oder gekauft werden?
Geben Sie sich selbst die Erlaubnis, die Wohltaten des Lebens zu genießen? Oder haben Sie sich in Bezug auf die Freuden des Alltags eine Form der Zurückhaltung auferlegt?
Seien Sie wachsam, denn der gegenwärtige Moment, in dem Ihnen etwas geschenkt
wird, ist jetzt!

Später wird die Freude nicht mehr dieselbe sein wie die, die Sie jetzt empfinden können.

Eine unentbehrliche Übung, die uneingeschränkt jeden Tag durchgeführt werden sollte!

Das nächste Mal, wenn jemand etwas für Sie tut (zum Beispiel Ihnen die Vorfahrt lässt – ja, das kommt wirklich vor!), dann nehmen Sie sich die Zeit, einen Moment lang zu atmen, langsamer zu werden (damit ist weniger die Fahrgeschwindigkeit gemeint, als vielmehr Ihr innerer Rhythmus!) und würdigen Sie das, was Ihnen geschenkt wird. Sehen Sie, ob es für Sie natürlich ist und ob es Ihnen leicht fällt, Dinge voll und ganz anzunehmen oder nicht.

Schreiben Sie hier auf, was Ihnen bewusst geworden ist:

SICH LIEBEN LASSEN

Die Liebe bewirkt, dass wir uns öffnen, und häufig streben wir nach ihr. Wenn sie aber an unsere Tür klopft, schaffen wir es nicht, sie willkommen zu heißen – besonders dann nicht, wenn wir schon einmal verletzt wurden, deshalb misstrauisch, vorsichtig ... geworden sind und uns verschlossen haben.
Und dennoch stimmt uns die Liebe fröhlich und enthusiastisch!

Wie steht es mit Ihnen?
Nehmen Sie die Liebe frei und ungezwungen an, wenn sie da ist?

> Sich für die Liebe zu entscheiden heißt, sich für Freude zu entscheiden.
> Marie-Pier Charron

Lieben und geben

LIEBEN

Liebe ist ein innerer Zustand, der mehr von der Person abhängt, die sie gibt, als von der, die sie empfängt.
Ist diese Liebe fest in uns verankert, äußert sie sich ganz natürlich und sehr spontan in unseren Handlungen. Zu diesen Handlungen gehört: frei geben (sich selbst, seine Zeit, seinen Besitz), ohne im Gegenzug etwas zu erwarten, alles Lebendige schützen, bestrebt sein, die schönen Dinge des Lebens zu feiern, an der Entwicklung seines Bewusstseins arbeiten …

Lieben um des Liebens willen – darauf kommt es an! Nicht lieben, weil … Die Liebe, die wir brauchen, ist bereits in uns und will sich ausdrücken. Wir entscheiden uns für die Liebe, indem wir uns für diesen Teil in uns öffnen, dem die Liebe schon innewohnt. Dieser Raum strahlt wahre Schönheit und reine Freude aus.

Marie-Pier Charron

Ein universelles Gesetz sticht aus allen anderen hervor: Es ist das Gesetz der Agape, der Liebe. Für die Griechen ist Agape die bedingungslose Liebe, die Liebe zum Leben, liebende Zuwendung.

Wenn man verliebt ist, ist man vor allem verliebt in die Liebe, die man fühlt. Wenn man verliebt ist, hat man – aufgrund der Tatsache, dass die Beziehung uns in einen bestimmten Zustand versetzt – verschiedene Empfindungen. Diese Empfindungen der Liebe existieren in uns und wir können uns entscheiden, sie jederzeit auszuleben.

David Komsi

Demnach kann man sogar verliebt sein, ohne eine(n) Liebhaber(in) zu haben!

Übung: Durchleben Sie erneut einen Augenblick der Liebe und projizieren Sie diese Liebe anschließend still und heimlich auf die Menschen in Ihrer Umgebung, selbst wenn Sie sie nicht kennen.

Praktizieren Sie dies regelmäßig. Es wird Ihre Fähigkeit zu lieben um ein Vielfaches steigern!

Zu guter Letzt: Es ist offensichtlich, dass Liebe eine schöne Erfahrung ist ..., aber es ist weniger bekannt, dass sie auch die Gesundheit fördert.

Hier ein Beispiel: Im Rahmen einer Studie über Babys von Frauen in Haft, wurde ein Teil der Babys bei ihren Müttern in der Haftanstalt belassen, andere Babys hingegen ihren Müttern weggenomme. Es zeigte sich, dass die Babys der ersten Gruppe (also diejenigen, die bei ihrer Mutter gelassen wurden), gesünder waren und eine bessere Immunabwehr hatten, als die Säuglinge der zweiten Gruppe, die von ihren Müttern –, und damit von deren Zuwendung – aufwuchsen. Daraus lässt sich ableiten, dass Liebe ein gesundheitsfördernder Faktor ist.

Sätze zum Ausmalen

**Wozu ist das,
was ich bin, überhaupt nütze,
wenn es nicht dazu beiträgt,
eine bessere Welt zu schaffen?**

**Jedes Mal, wenn ich gebe,
schaffe ich Raum, um zu
empfangen.**

Ein Blinder versucht, in einen Zug einzusteigen. Er hat Mühe, das Gleis zu erreichen. Ein Handwerker bemerkt es und legt sein Werkzeug beiseite, um ihm zu helfen. Ein Dritter beobachtet die Szene und ist berührt, so viel Freude auf den Gesichtern zu lesen – sowohl auf dem Gesicht des Blinden, als auch auf dem des Handwerkers.

Die Freundlichkeit des Handwerkers hat das Wohlbefinden aller Beteiligten gesteigert – auch das des Beobachters.
Erinnern Sie sich daran, wann Sie das letzte Mal jemandem etwas geschenkt haben (Zeit, Aufmerksamkeit, ein Geschenk, eine Mahlzeit, ein Lächeln ...).
Beschreiben Sie, was Sie getan haben, Ihre Gefühle in diesem Moment, die Bedürfnisse, die diese Tat befriedigt hat – für Sie und für die Person, die Sie mit Ihrer Großzügigkeit bedacht haben.

Beobachten Sie anschließend, was Sie jetzt empfinden, wenn Sie an die Situation zurückdenken. Wird Ihr Leben dadurch etwas heller?

Falls ja, dann folgt hier eine weitere Übung, die Sie ausprobieren können:

Malen Sie sich aus, wie Sie jemanden, den Sie kennen, oder auch eine unbekannte Person diese Woche überraschen könnten. Wenn die Vorstellung Sie einschüchtert oder ängstigt, dann fassen Sie Mut, indem Sie sich Folgendes in Erinnerung rufen: <u>Wer nicht eine Angst pro Tag überwindet, lernt die Lektion des Lebens nicht ...</u>

Sie könnten zum Beispiel eine Blume kaufen und Sie vor die Eingangstür einer beliebigen Wohnung in Ihrem Haus legen. Oder Sie könnten einer Nachbarin/einem Nachbarn einen Teller von dem köstlichen Eintopf anbieten, den Sie gerade zubereitet haben. Oder Sie könnten in einem Geschäft einer Verkäuferin, die Sie an der Kasse bedient, ein Kompliment machen ...

Nachdem Sie diese kleine, scheinbar harmlose Übung in die Tat umgesetzt haben, sehen Sie doch einmal, ob Sie Lust haben, daraus eine amüsante tägliche Praxis zu machen. Finden Sie auch heraus, welche Form Ihnen am meisten Vergnügen bereitet: wenn Sie Unbekannte überraschen oder wenn Sie Menschen, die Ihnen nahe stehen, unerwartete Aufmerksamkeit schenken?

Wenn Sie ganz frei handeln, macht allein das Glück, jemanden zu überraschen oder ihm/ihr eine Freude zu bereiten, Sie selbst wahrscheinlich genauso froh wie den Menschen, den Sie erfreut haben. Ist das nicht der Fall, dann sollten Sie sich selbst mehr Beachtung schenken: Verwöhnen Sie sich selbst mit kleinen Aufmerksamkeiten und Überraschungen, gönnen Sie sich etwas, bis Sie den Drang verspüren, dies auch für andere zu tun.

Sätze zum Ausmalen

Bei jeder Gabe ist es wichtig, zu geben und gleich wieder zu vergessen, dass man gegeben hat. Sie werden umso glücklicher sein, wenn Sie nichts im Gegenzug erwarten und nicht darüber sprechen.

Malen Sie auf der nächsten Seite die Einstellungen farbig aus, die Sie während des Lesens oder auch schon vorher entwickelt haben. Wählen Sie dann eine aus, die Sie in den nächsten Tagen besonders kultivieren wollen:

Bewegung

In sich hineinhören

Geistige Disziplin

Mut

Auf seinen Rhythmus hören

Achtsam den Augenblick wahrnehmen

Fähigkeit, Schubladen zu bilden

Geben, Schenken

Empfänglichkeit

Für das Leben Sorge tragen

Ein »Ich muss« umwandeln in ein »Ich entscheide mich«

Liebe

Entspannung

Seinen Gemütszustand wählen

Ursprünglichkeit

Trübe Gedanken umwandeln

Für den Körper sorgen

Vom Kult des Besitzes zum Kultivieren von Bindungen

> Würde man alle Tragödien, die ein Monat Fernsehnachrichten uns beschert, aneinanderreihen, dann wäre für uns erkennbar, dass alle darauf zurückzuführen sind, dass der Mensch in dreifacher Hinsicht in seinen Beziehungen gestört ist: In seiner Beziehung zu sich selbst, zu anderen und in seinen Beziehungen zur Erde.
>
> Patrick Viveret

Zu Anfang dieses kleinen Übungshefts haben wir erkundet, wie wichtig die Verbindung zu uns selbst ist. Nun enden wir mit dem Hinweis, welche Intensität die Verbindung zu anderen in unserem Leben schafft.

Um sich davon zu überzeugen, gehen Sie doch einmal auf einen Bahnsteig und blicken Sie in die Gesichter der Leute, die sich voneinander verabschieden, und in die derjenigen, die sich wiederbegegnen. Selbst die zurückhaltendsten sind voller Leben! Wenn unsere Bindungen unterbrochen oder erneut hergestellt werden, erfassen uns intensive Gefühle.

Wie würden Sie die Bindungen zu Ihren Angehörigen erleben, wenn Sie - ebenso wie bei der Begegnung mit sich selbst - die Menschen, die Ihnen lieb und teuer sind, in dem Bewusstsein ansprechen würden, dass der Moment heilig ist, so als sei es das erste oder das letzte Mal?

Es ist nun Zeit, uns zu trennen ... Ich wünsche Ihnen, dass Sie selbst die Erfahrung machen, in welchem Ausmaß Sie es schaffen können, ohne Beruhigungsmittel gelassen zu sein, ohne Drogen zu strahlen und berauscht zu sein, ohne an einer anderen Quelle, als Ihrer eigenen zu trinken - einfach durch die Kunst, Ihre Lebensfreude zu kultivieren.

Und damit wir freudig und leicht auseinandergehen, hier eine letzte Geschichte zum Meditieren:

Ein Wanderer, der in den Bergen unterwegs war, begegnete bei Sonnenaufgang einmal einem Hirten. Er fragte ihn:
Wie das Wetter heute wohl wird?
Gleichmütig antwortete der Hirte:
So, wie ich es gerne habe.
Der Wanderer wollte eine Antwort haben und blieb beharrlich:
Und welches Wetter ist das?
Das weiß ich noch nicht, erwiderte der Hirte belustigt.

Aber wie können Sie denn sagen, dass das Wetter so sein wird, wie Sie es mögen?, erwiderte leicht gereizt der Wanderer, der offenbar eher vernunftbetont war …

Der Hirte fügte hinzu: Im Lauf meines Lebens ist mir klar geworden, dass ich nicht immer das haben kann, was ich mag, deswegen habe ich beschlossen, das zu mögen, was ich habe. Und darum bin ich ganz sicher, dass das Wetter heute so sein wird, wie es mir gefällt …

Wenn Sie Lust haben, das Thema Lebensfreude zu vertiefen, dann werfen Sie doch einmal einen Blick in die kleinen Übungshefte Selbstliebe, Gewaltfreie Kommunikation® (Anne van Stappen) und Glückstraining (Yves-Alexandre Thalmann).

Bibliografie, Quellen und Zitate

André, Christophe: *Die Launen der Seele. Vom Umgang mit unseren Stimmungen.* Übers. von Ralf Pannowitsch. Aufbau, Berlin 2012

Charron, Marie-Pier: www.matinmagique.com

d'Erm, Pascale: Vivre plus lentement. Les Éditions Eugen Ulmer 2010.

Die Lehren von Gurumayi Chidvilasananda
Website s. http://www.siddhayoga.org/

Komsi, David: *Les sept clés du bonheur*
und www.davidkomsi.com

Marmol, Guibert del: Falling higher, Paris 2013

Van Stappen, Anne: Das kleine Übungsheft der Gewaltfreien Kommunikation®, Trinity, München 2013.

Van Stappen, Anne: *Warum gehen, wenn du tanzen kannst?* Goldmann, München 2011.

Viveret, Patrick: *Pourquoi ça ne va pas plus mal?* Éditions Fayard 2005.

Dank

Ich danke den zitierten Autoren, insbesondere Christophe André, Marie-Pier Charron, Gurumayi Chidvilasananda, David Komsi und Patrick Viveret, für die Energie und Tatkraft, mit der sie mein Leben durch ihre Lehren erfüllen. Ihre Weisheit hat verschiedenen Themen dieses Hefts in weiten Teilen Substanz gegeben und verschmolzen mit den Inhalten dieses Buches. Auch wenn es mir nicht möglich war, die oben genannten Autoren jedes Mal zu zitieren, so empfinde ich enorme Dankbarkeit für ihre inspirierende Arbeit und lege allen die Lektüre ihrer Publikationen ans Herz.

DAS KLEINE ÜBUNGSHEFT